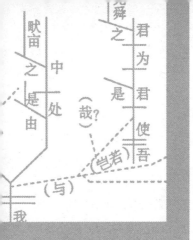

民国ABC丛书

文法解剖
ABC

郭步陶　著

知识产权出版社

全国百佳图书出版单位

图书在版编目（CIP）数据

文法解剖ABC/郭步陶著.— 北京：知识产权出版社，2017.2
（民国ABC丛书/徐蔚南等主编）

ISBN 978-7-5130-4653-4

Ⅰ.①文… Ⅱ.①郭… Ⅲ.①新闻写作—研究 Ⅳ.①G212.2

中国版本图书馆CIP数据核字（2017）第018422号

责任编辑：宋 云 邓 莹　　　责任校对：谷 洋
封面设计：sun工作室　　　责任出版：刘译文

文法解剖ABC

郭步陶　著

出版发行：知识产权出版社有限责任公司		网　　址：http://www.ipph.cn	
社　　址：北京市海淀区西外太平庄55号		邮　　编：100081	
责编电话：010-82000860 转 8346		责编邮箱：dengying@cnipr.com	
发行电话：010-82000860 转 8101/8102		发行传真：010-82000893/ 82005070	
印　　刷：北京科信印刷有限公司		经　　销：各大网上书店、新华书店 及相关专业书店	
开　　本：880mm×1230mm　1/32		印　　张：4.625	
版　　次：2017年2月第1版		印　　次：2017年2月第1次印刷	
字　　数：55千字		定　　价：20.00元	

ISBN 978-7-5130-4653-4

再版前言

　　民国时期是我国近现代史上非常独特的一个历史阶段，这段时期的一个重要特点是：一方面，旧的各种事物在逐渐崩塌，而新的各种事物正在悄然生长；另一方面，旧的各种事物还有其顽固的生命力，而新的各种事物在不断适应中国的土壤中艰难生长。简单地说，新旧杂陈，中西冲撞，名家云集，新秀辈出，这是当时的中国社会在思想、文化和学术等各方面的一个最为显著的特点。为了向今天的人们展示一个更为真实的民国，为了将民国文化的精髓更全面地保存下来，本社此次选择了世界书局于1928~1933年间出版发行的 ABC 丛书进行整理再版，以飨读者。

世界书局的这套 ABC 丛书由徐蔚南主编，当时所宣扬的丛书宗旨主要是两个方面：第一，"要把各种学术通俗起来，普遍起来，使人人都有获得各种学术的机会，使人人都能找到各种学术的门径"；第二，"要使中学生、大学生得到一部有系统的优良的教科书或参考书"。因此，ABC 丛书在当时选择了文学、中国文学、西洋文学、童话神话、艺术、哲学、心理学、政治学、法律学、社会学、经济学、工商、教育、历史、地理、数学、科学、工程、路政、市政、演说、卫生、体育、军事等 24 个门类的基础入门书籍，每个作者都是当时各个领域的知名学者，如茅盾、丰子恺、吴静山、谢六逸、张若谷等，每种图书均用短小精悍的篇幅，以深入浅出的语言，向当时中国的普通民众介绍和宣传各个学科的知识要义。这套丛书不仅对当时的普通读者具有积极的启蒙意义，其中的许多知识性内容和基本观点，即使现在也没有过时，仍具有重要的参考价值，因此也非常适合今天的大众读者阅读和参考。

本社此次对这套丛书的整理再版，将原来繁体竖排转化为简体横排形式，基本保持了原书语言文字的民国风貌，仅对部分标点、格式进行规范和调整，对原书存在的语言文字或知识性错误，以及一些观点变化等，以"编者注"的形式加以标注，以便于今天的读者阅读。希望各位读者在阅读本丛书之后，一方面能够对民国时期的思想文化有一个更加系统、深刻的了解，另一方面也能够为自己的书橱增添一份用于了解各个学科知识要义的不可或缺的日常读物。

知识产权出版社

2016 年 11 月

ABC 丛书发刊旨趣

徐蔚南

西文 ABC 一语的解释，就是各种学术的阶梯和纲领。西洋一种学术都有一种 ABC，例如相对论便有英国当代大哲学家罗素出来编辑一本《相对论 ABC》，进化论便有《进化论 ABC》，心理学便有《心理学 ABC》。我们现在发刊这部 ABC 丛书有两种目的：

第一，正如西洋 ABC 书籍一样，就是我们要把各种学术通俗起来，普遍起来，使人人都有获得各种学术的机会，使人人都能找到各种学术的门径。我们要把各种学术从智识阶级的掌握中解放出来，散遍给全体民众。

ABC 丛书是通俗的大学教育，是新智识的泉源。

第二，我们要使中学生、大学生得到一部有系统的优良的教科书或参考书。我们知道近年来青年们对于一切学术都想去下一番工夫，可是没有适宜的书籍来启发他们的兴趣，以致他们求智的勇气都消失了。这部 ABC 丛书，每册都写得非常浅显而且有味，青年们看时，绝不会感到一点疲倦，所以不特可以启发他们的智识欲，并且可以使他们于极经济的时间内收到很大的效果。ABC 丛书是讲堂里实用的教本，是学生必办的参考书。

我们为要达到上述的两重目的，特约海内当代闻名的科学家、文学家、艺术家以及力学的专门研究者来编这部丛书。

现在这部 ABC 丛书一本一本的出版了，我们就把发刊这部丛书的旨趣写出来，海内明达之士幸进而教之！

一九二八，六，二九

例　言

本书以句为本位，共分四章。第一章、第二章专论单句之组织，第三章、第四章专论复句之组织。

本书每章选材举例，一以简要为主。大致可供四十小时之用。每周一小时，可敷一学年授课。在旧制高小三年级，或新制初中一年级，以此授之，国文清通必较容易。

本书著重在图，凡稍有难解之处，必有图以详为分析。教者、学者当可省力不少。

本书举例一以简要为主，利用解剖之方式，故名为文法解剖 ABC。

本书所引例句多摘自经史中，而为普通文人所能背诵者。

凡高小、初中学生，得本书指导或自修之，于读书作文当可收事半功倍之效。

目　录

1

Chapter

第一章

01

纲　要

第一章　纲　要 ‖

第一节　字与词

聚点画成体，而有形声义可诠释者，曰字。一字或数字，可表示一观念者，曰词。

如"山""川""人""物""红""黄""来""去"等，谓之为字可，谓之为词亦可。盖上之所述，各有其音义，故各成一字；而各字可表示一特具之观念，故又可各成为一词。

若"上海""孔子""扬子江""黄鹤楼""诸葛孔明"等，则或为二字，或为三字，或为四字所合成；而每一括弧中，仍仅表示一观念。故于字有个二个、三个、四个之分，而于词则仅为一个也。

第二节　语与句

聚二类以上之词而意不完全者，曰语。

〔例〕（1）于上海。

（2）畴昔之夜。

（3）恻隐之心。

（1）于字为一类，上海二字为一类，合之则谓在上海地方也。若反诘之"何人在上海？""在上海如何？"均无从置答，是其意尚未完全也。故谓之为语。（2）（3）可以类推。

聚二类以上之词而意已完全者，曰句。

〔例〕（1）孟子见梁惠王。

（2）王立于沼上。

（3）吾日三省吾身。

（2）五字各为一类，合之谓梁惠王立在池沼之上，是言者之意已无不尽，故谓之为句。（1）（3）可类推。

第三节　词类与句之成分

（甲）词类

词类有九：

（一）名词

即事物之名称也。

〔例〕水、土、花、草、房、屋等。

（二）代词

即代替名词者。

〔例〕我、尔、彼、此等。

（三）动词

用以说明事物之动作者。

〔例〕来、去、坐、卧等。

（四）形容词

用以区分事物之形状、性质、数量、地位者。

〔例〕大、小、黄、白、远、近等。

（五）副词

用以区分事物之动作，或形容词之性质状态者。

〔例〕甚、不、亦、颇等。

（六）介词

用以介绍名代词，使与他词生关系者。

〔例〕于、以、之等。

（七）连词

用以连接词与词、句与句或段与段者。

〔例〕而、则、虽、然而、然则、且夫等。

（八）助词

用以助传词句之神情者。

〔例〕也、矣、焉、哉等。

（九）叹词

用以表示情感之声音者。

〔例〕呜呼、噫、吁等。

（乙）句之成分

句之成分者，即句中所具有之各词也。

（一）句之主要成分

即句中万不能少之成分也。

（1）主格，即名代词在动词前而为一句之主者。

（2）说明语，即说明主格之动作者。

（二）句之参加成分

即句中次要成分，有时可以不必全具者。

（1）宾格，即位于动词下，而为其势力所及之名代词也。

（2）补足语，已有动词或宾格而意犹不足，复益以名代词或形容词以完成之，是为补足语。

（3）附加词，即形容词或副词之附加于上述两成分中者。

单句之构造

第一节　单句之意义

一句而仅说明一意思者，曰单句。但至少必具上述之主要成分，方可谓之单句。

〔例〕（1）子见南子。

（2）子路不悦。

此二单句也。

（1）"子"主格，"见"说明语，"南子"则"见"之宾格也。

（2）"子路"主格，"悦"说明语，"不"则"悦"之附加词也。

（1）　　　　　　　　（2）

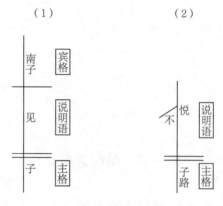

附图1

上述之单句，字虽不多，然均参有连带成分。兹再举仅有主要成分之单句如下：

〔例〕（1）水流。

（2）花放。

（3）鸢飞。

（4）鱼跃。

此八字即为独立之四单句。盖"水""花""鸢""鱼"各为其句之主格；

"流""放""飞""跃"各为其句之说明语也。

（1）　　　　　（2）（3）（4）

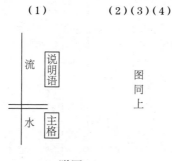

附图 2

但在两人对语时，仅有一说明语，亦自可成一单句。

〔例〕（1）来。余与尔言。

（2）坐。我明语子。

"来""坐"二字各为一句。其意盖谓"尔来""子坐"也。特其人即在目前，而言时语气又甚急，故主格之词虽未说出，而彼此固可意会也。

附图 3

第二节　单句之常例

一、单句之仅有主要部分者

此类句之动词，必为自动词。

注：动词之势力不能及于他物者，曰自

动词。

〔例〕童子见。门人惑。(《论语》)

童子之见，乃童子自往孔子处进见，非童子遇见他物。门人之惑，乃门人心中疑惑，非门人被惑于他物也。"见""惑"二字，皆为自动词。

二、单句之带有宾格者

此类句之动词，必为他动词。

注一：动词之势力能及他物者，曰他动词。

注二：名代词之在他动词下者，曰宾格。

〔例〕(1) 尧治天下。(刘向《新序·节士第七》)

(2) 桀作瑶台。(刘向《新序·刺奢第六》)

尧之治，非尧之自治，乃有天下为其所治也。桀之作，非桀之自作，其所作者乃有瑶台之一物在也。故"治""作"二字皆为他动词。

三、单句之带有补足语者

此类句之动词，必为不完全之自动词。

注一：句之已有自动词而意犹不完全者，则此动词为不完全之自动词。

注二：自动词后之名代词或形容词，用以完成动词之意者，曰补足语。

〔例〕（1）其人为谁？（刘向《新序·杂事第四》）

（2）夫子为王子围。（《左传·襄公二十六年》）

（2）（1）

附图4

四、单句之带宾格而并带补足语者

此类句之动词，必为不完全之他动词。

注：句之已有动词宾格而意犹不完全者，

则此动词为不完全之他动词。

〔例〕王遇晋至厚。(《史记·晋世家》)

附图5

第三节 补足语

一、补足主格者

（甲）自动词所带者

此类补足语乃伸说主格所成之物，或所有之名称。

〔例〕（1）人方为刀俎，我为鱼肉。（《史记·项羽本纪》）

（2）此子为穿封戌。（《左传·襄公二十六年》）

刀俎为人所成之物，鱼肉为我所成之物，穿封戌为此子所有之名称，皆以伸说其主体者。

补足语固多以名代词为之，而有时形容词或动词亦可为之。此等形容词或动词，有时可为真补足语，有时仅为形式之补足语。所谓形式补足语者，真补足语省略，而以附加于补足语之词作为补足语之形式也。

〔例〕（1）民为贵。（《孟子》）

此以形容词为补足语者。

（2）孰为好学？（《论语》）

此以附加词为形式之补足语者。

例（1）就文解释，已可明了，故"贵"字为真补足语。

例（2）须将"好学"二字补充为"好学之人"，"为"字之意方觉圆满。故"好学"二字仅为"人"字之附加词，而"人"字乃真补足语也。

附图 6

（乙）同动词所带者

此类补足语，乃表明主格之形体者。

注：非动词而其用与动词同者，曰同
动词。

〔例〕知之者不如好之者，好之者不如乐
　　之者。（《论语》）

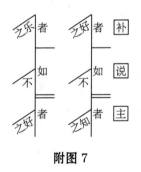

附图 7

二、补足宾格者

（甲）他动词所带者

此类补足语，乃伸说动词与宾格所未完

全之意。

（子）有说明之意者。

〔例〕简子赐扁鹊田四万亩。（《史记·扁
鹊仓公列传》）

（丑）有批评之意者。

〔例〕帝告我晋国且世衰。（《史记·扁鹊
仓公列传》）

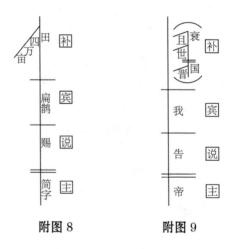

附图 8　　　附图 9

（寅）有祈使之意者。

〔例〕愿夫子辅吾志！（《孟子》）

附图 10

（乙）两动词连合之以带一补足语者

（子）两动词俱备者。

（1）有说明之意者。

〔例〕谓其台曰灵台。（《孟子》）

（2）有批评之意者。

〔例〕吾必以仲子为巨擘焉。（《孟子》）

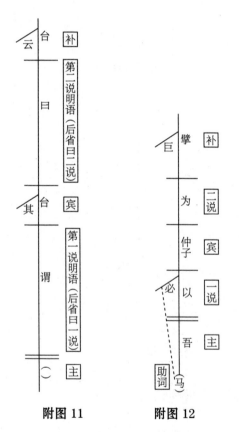

附图 11　　　附图 12

（3）有祈使之意者。

〔例〕以吕臣为司徒，其父吕青为令尹，以

沛公为砀郡长。(《史记·项羽本纪》)

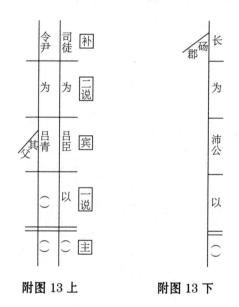

附图 13 上　　　　附图 13 下

（丑）两动词或省略其一者。

（1）省略第一说明语者。

〔例〕怀王乃以宋义为上将军，项羽为次

25

将,范增为末将。(《史记·高祖本纪》)

(者略省)(者省不)

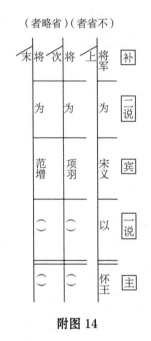

附图 14

（2）省略第二说明语者。

〔例〕虽曰未学,吾必谓之学矣。(《论语》)

此两句均有省略之字。如补充之, 当

如下：

虽曰（其人是）未学，吾必谓之（为）学矣。

附图 15

此类词中，不完全之他动词必居先，不完全之自动词必居后。特有时两动词可省略其一。

第四节　附加词或语

一、有形容词性质者

（甲）加于主格者

（1）附加词。

〔例〕（1）晋献公卒。（《史记·晋世家》）

（2）吴太伯，太伯弟仲雍，皆周太
王子。（《史记·吴太伯世家》）

（1）　　　　　　　　（2）

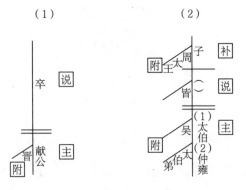

附图 16

（2）附加语。

〔例〕（1）**孤父之盗丘人也见之。**（刘向
《新序·节士第五》）

注：孤父，地名。丘人也，人名。丘人也
见饥者袁族目，以壶餐食之。袁询知丘为盗，
呕其食而死。

附图 17

注：名代词或短语之与主格同位者，曰同主格。

〔例〕（2）恻隐之心，仁之端也。(《孟子》)

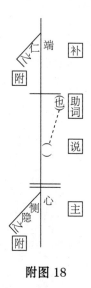

附图 18

（乙）加于宾格者

（1）附加词。

〔例〕桀作瑶台，罢民力，殚民财。（刘

向《新序·刺奢第六》)

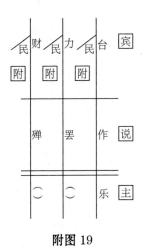

附图19

（2）附加语。

〔例〕（1）道千乘之国。（《论语》）

（2）纵靡靡之乐。（刘向《新序·刺
奢第六》)

（3）求太伯仲雍之后。（《史记·吴
太伯世家》)

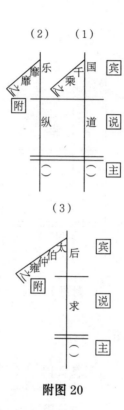

附图20

二、有副词性质者

（甲）加于说明语者

〔例〕（1）天下咸服。（《书·舜典》）

〔例〕（2）妾谨与俱来。（《史记·彭越传》）

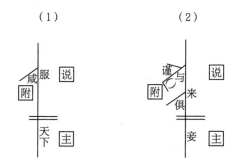

附图21

〔例〕（3）群后以师毕会。（《书·泰誓》）

附图22

（乙）加于补足语之以动词为之者

〔例〕（1）知我者谓我心忧，不知我者谓我何求。（《诗·黍离》）

〔例〕（2）宰衡以干戈为儿戏。（庾信《哀江南》）

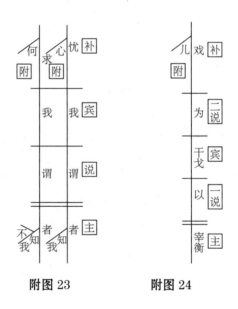

附图23   附图24

（丙）加于主格或宾格之附加部分者

（1）主格附加部分。

〔例〕畴昔之夜，飞鸣而过我者，非子也耶？（苏东坡《赤壁赋》）

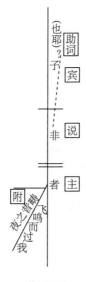

附图 25

（2）宾格附加部分。

〔例〕吾闻用夏变夷者。（《孟子》）

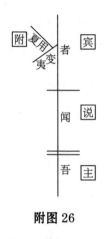

附图 26

第五节　单句之语气

一、施事语气

关于立言者之口气者，曰语气。于语气间，表明其事之由我发施者，曰施事语气。

上数节所述之句，皆施事语气也。兹为分析其句别，约有下列之四类。

第二章　单句之构造

（甲）叙述句

此类句，用以说明事理之是非，或立言者之意旨为肯定或否定也。

〔例〕（1）尔爱其羊，我爱其礼。（《论语》）

　　　（2）子非鱼，安知鱼之乐？（《庄子·秋水篇》）

例（1）所说明者，为饩羊应存之理。例（2）"子非鱼"句所说明者，为惠子与鱼之不同。故皆为叙述句。

（乙）祈使或禁止之句

此类句多有省略主格者。

〔例〕（1）幸分我一杯羹！（祈）（《史记·项羽本纪》）

　　　（2）孺子！下取履。（使）（《史记·留侯世家》）

（3）毋妄言，族矣。（禁止）（《史记·项羽本纪》）

三例中之（2），初视之似有主格。但细按之，"孺子"二字乃呼格，非主格也。图以明之如下：

附图 27

（丙）疑问句

此类句之特别标志，有疑问代词，或疑问副词，或疑问助词。其用法大致相同。但有时仅为询问，有时含有疑意，有时疑惑甚深，是在行文时细加斟酌耳。

〔例〕（1）执舆者为谁？（《论语》）

（2）是鲁孔丘与？（《论语》）

（3）汉皆已得楚乎？是何楚人之多也？（《史记·项羽本纪》）

例（1）仅问而无疑。例（2）含有疑意。例（3）则疑怪之神情已溢于言外矣。

（丁）感叹句

此类句之神情，用叹词或助词以表出之。大致急切时用叹词，舒畅时用助词。

〔例〕（1）唉！竖子不足与谋。（《史记·项羽本纪》）

（2）郁郁乎文哉！吾从周。（《论语》）

例（1）为范增痛恨失沛公时之急切语。例（2）为孔子从容坐论，自抒怀抱时之所低徊咏叹者。

二、受事语气

于语气间表明其事由我承受者，曰受事语气。即句主非自发动作，乃被他人所动之影响，故又曰被动句。受事句异于施事句，第一即在宾主地位之互易。其用法有以"为""所"二字联缀者，有于动词前加"被""见"等字者。

（甲）用"为""所"二字联缀者

〔例〕楚将项燕为秦将王翦所戮。

附图 28

此为受事句。如易为施事句，则当如下：

秦将王翦戮楚将项燕。

再为图以明之。

附图 29

就上二图比较，受事句较施事句多
"为""所"二字，又王翦与项燕之地位适相
换易，此其特殊之点也。再以句法论，受事
句无宾格而有补足语。盖"所戮"二字乃合
"秦将王翦"四字，用以补足"为"字之意

41

也。易图以伸说之，则与施事句之有补足语者正合，仅有宾格易居于主格之地位而已。

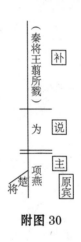

附图 30

但"为""所"二字有时可省略其一。

（子）省"所"字者。

〔例一〕此其所以为我擒也。（《史记·高
　　　　祖本纪》）

〔例二〕用此得王，亦不免于身为世大僇。
　　　　（《史记·鲸布列传·赞》）

　　此句较复杂。兹篇专释单句，姑以"身为世大僇"句分析之如下：

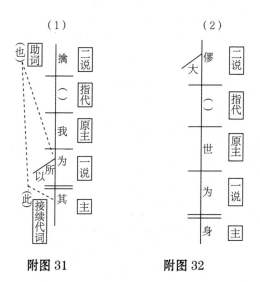

附图 31　　　　　　附图 32

　　（丑）省"为"字者。

〔例一〕大将军国家忠臣，先臣❶所属。

　　　　　（《汉书·昭帝纪》）

　　此句"先帝"二字前，应有一"为"字。

---

　　❶　应为"先帝"。——编者注

又"国家忠臣"四字，乃子句之有省略字者，当于复句章详之。

附图 33

〔例二〕（1）此子大夫之所闻睹也。（《汉书·武帝纪》）

（2）此皆上世之所不及。（《汉书·景帝纪》）

第二章　单句之构造

此二句之"之"字，略如代词"者"字解。但"者"字常居动词下。试改上二句如下亦可通。

（1）此子大夫所闻睹者也。

（2）此皆上世所不及者。

从上所举之例观，可知（1）（2）两句中之"之"字非介词，实含有复迭词之意味。

附图 34

（乙）动词前加"见""被"等助动词者

〔例〕（1）扁鹊以其伎见殃。（《史记·扁
　　　　　鹊仓公列传》）

　　　（2）解曰：居邑屋至不见敬，是吾德不
　　　　　修也。（《史记·游侠列传·郭解》）

　　　（3）汤为天子大臣，被污恶言而死。
　　　　　（《史记·酷吏列传·张汤》）

　　　（4）然被刑戮，为人奴而不死，何其下
　　　　　也？（《史记·季布栾布列传》）

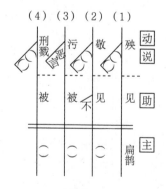

附图 35

46

例（1）之见殃，谓扁鹊见殃于人，非谓扁鹊殃人也。例（2）不见敬，乃谓郭解不见敬于人，非谓郭解不敬人也。例（3）被污恶言，即谓张汤被于污于恶言也。例（4）之被刑戮，即谓季布被刑戮于朝也。

观上各例，可知受动句之用"被""见"等助词者，其原主格可合介词于字，成一副词短语作为受动词之附加部分。特普通用时常多省略耳。

但"见""被"等助动词，有时亦可省去。

（子）助动词与"于"字均省者。

〔例〕（1）西伯拘羑里，演《周易》。

（2）孔子厄陈蔡，作《春秋》。……

（3）韩非囚秦，《说难》《孤愤》。（《史记·太史公自序》）

（1） （2）（3）

附图 36

（丑）助动词与副词短语均省者。

〔例〕（1）屈原放逐，著《离骚》。（《史
记·太史公自序》）

（2）礼乐损益，律历改易。（《史
记·太史公自序》）

屈原放逐，谓屈原被放逐于楚也。礼乐损
益，非礼乐自能损益，乃被损益于人也。律
历改易，非律历自能改易，乃被改易于人也。

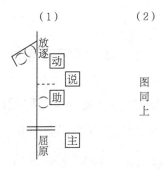

附图 37

（寅）仅省略助动词者。

〔例〕（1）孙叔敖举于海，百里奚举于市。

　　　　（《孟子》）

（2）御人以口给，屡憎于人。（《论语》）

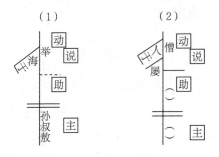

附图 38

49

第六节　单句之特例

单句以主格为主要，次乃说明语，再次乃参加部分及附加词语等，此常例也。反之则为特例。易言之，即处于特别情势之下，常例须有变更也。

一、受动式

以宾格为主格，而置原主格于宾格地位。图例已详上节受动句类。

二、重提者

移宾格于主格之前，而另以代词置于宾格处，乃此类句之定式。盖言者之意，欲将宾格提重，以使人注意，故特提于主格之前。但宾格既提前，而宾格之原有位置又不可虚，故另以代词代行宾格之职务。

〔例〕（1）圣人，吾不得见之矣。（《论语》）

（2）水火，吾见蹈而死者矣。（《论语》）

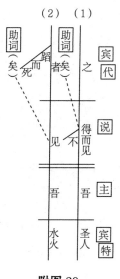

附图39

三、呼格

出言之人，对其所与言者，有所警告或申诉，特呼其名以语之。此名字即谓之曰呼格。

呼格之位置，有时与主格同位，有时特立于主格之外，有时特加于一句之末。兹为分述如下。

（甲）与主格同位者

〔例〕（1）夫差！而忘越王之杀而父乎？（《左传·定公十四年》）

（2）点！尔何如？（《语论》❶）

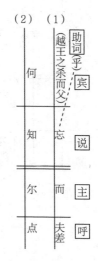

附图 40

---

❶ 应为《论语》。——编者注

52

（乙）特立于主格之外者

〔例〕（1）天乎！余之无罪也。（《礼记·檀弓》）

（2）参乎！吾道一以贯之。（《论语》）

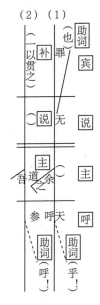

附图41

（丙）特加于一句之末者

〔例〕（1）而今而后，吾知免夫！小子！
（《论语》）

（2）世乃有无母之人，天乎痛哉！
（清·归有光《先妣事状》）

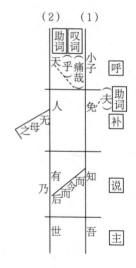

附图 42

四、呼格与重提并用者

〔例〕由！诲汝知之乎？（《论语》）

此句如补充之，当为"由！诲汝之道，汝知之乎？"

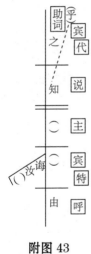

附图43

五、动词省略者

（甲）用形容词而省去动词者

〔例〕（1）山高月小。（苏东坡《赤壁赋》）

（2）天朗气清。（王羲之《上巳修
禊序》）

如补充之，当为"山是高。""月是小。""天
是朗。""气是清。"

（1）

附图 44

（乙）用助词而省去动词者

〔例〕子谓:《韶》尽美矣，又尽善也。

如补充之，当为"《韶》是尽美矣，又是尽善也"。

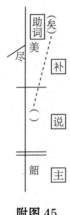

附图 45

（丙）用代词助词而省略动词者

〔例〕南溟者，天池也。（庄子《逍遥游》）

此句如改易为"南溟之名是天池。"亦可通。盖"者"字即"之名"二字之代词，"也"

字含有"是"字之意也。

附图 46

第七节　单句成分之归纳

综合上述各节，归纳之，成一总图，即为组织单句之总公式。明乎此而善用之，则自造单句，当可得所准绳矣。

组织单句之公式。

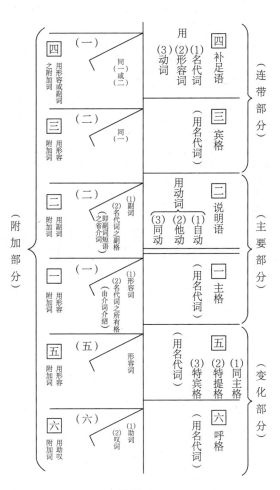

附图 47

59

句之复成分

第三章　句之复成分 ‖

　　一主格一说明语之句，最单简之句式也。若一句而有数主格，或数宾格，或数补足语，则句之成分既繁复，斯句亦变而为复句矣。

　　欲研究复句，特先将句之复成分在下列各节分别说明。

第一节　复主格

　　一说明语而有数主格者，曰复主格。

（甲）不用连词者

〔例〕（1）子武王立。韩魏齐楚越皆宾从。

（《史记·秦本纪》）

（2）韩赵魏燕齐帅匈奴共击秦。

（《史记·秦本纪》）

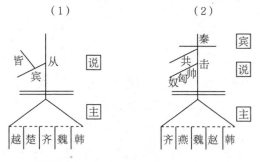

附图48

（乙）用连词者

〔例〕（1）吾与项羽俱北面受命怀王。（《史记·项羽本纪》）

（2）吕后与两子居田中耨。（《史记·高祖本纪》）

（1）

（2）

附图 49

（丙）有包孕者

〔例〕或生而知之，或学而知之，或困而
　　　知之，及其成功，一也。(《中庸》)

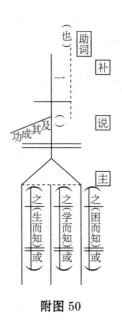

附图 50

（丁）同位者

〔例〕（1）燕王卢绾反。(《史记·绛侯周
勃世家》)

（2）窦皇后曰："皇后兄王信可侯
也"。(同上)

第三章　句之复成分 ∥

（3）其后匈奴王徐卢等五人降。景
　　帝欲侯之。（同上）

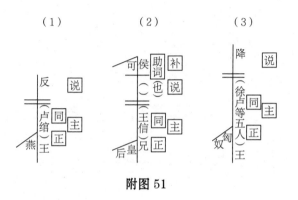

附图 51

第二节　复宾格

一说明语而有数宾格者，曰复宾格。

（甲）不用连词者

〔例〕魏氏转秦韩，争事齐楚。（《史记·田
　　敬仲完世家》）

67

（1）　　　　（2）

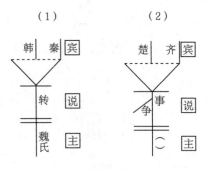

附图 52

（乙）用连词者

〔例〕子罕言利与命与仁。(《论语》)

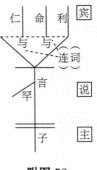

附图 53

（丙）有包孕者

〔例〕望见诸将往往相与坐沙中语。(《史记·留侯世家》)

附图 54

（丁）同位者

〔例〕（1）欲求见齐相曹参。(《史记·齐悼惠王世家》)

（2）往事魏王咎于临济。(《史记·陈丞相世家》)

69

（1）　　　　　（2）

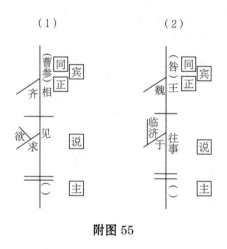

附图 55

第三节　复补足语

一说明语而有数补足语者，曰复补足语。

（甲）不用连词者

〔例〕兵之所贵者，势利也；所上者，变
　　　诈攻夺也。（刘向《新序·杂事第
　　　三》）

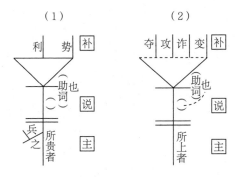

附图56

（乙）用连词者

〔例〕春夏秋冬或暑或寒。（《史记·龟策
列传》）

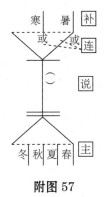

附图57

（丙）有包孕而用连词者

〔例〕人或忠信而不如诞谩，或丑恶而宜大官，或美好佳丽而为众人患。(《史记·龟策列传》)

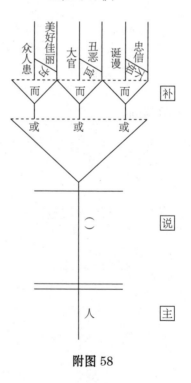

附图 58

第三章 句之复成分 ‖

（丁）有包孕者

〔例〕盖公为言治道贵清静。（《史记·曹
　　　相国世家》）

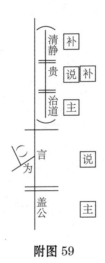

附图 59

（戊）同位者

〔例〕从游说之士，齐人邹阳，淮阴枚乘，
　　　吴庄忌夫子之徒。（《史记·司马相
　　　如列传》）

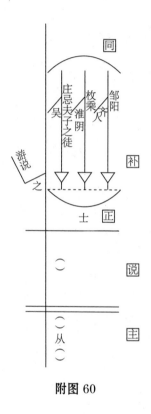

附图 60

注：此句有省文。如补充之，当如下：

相从者为游说之士，齐人邹阳，淮阴枚乘，吴庄忌夫子之徒。

第四节　附加句

在上篇单句中，曾述附加词或语之概要。此篇所述为复句，则用于复句中之附加句可依次诠释如下。

（甲）附加句之含有形容词意味者

（一）插在句中者

此类句中之附加子句，其主格省略者居多。

〔例一〕今楚，大国也，来聘孔子。（《史记·孔子世家》）

〔例二〕微子、微仲、王子比干、箕子、胶鬲，皆贤人也，相与辅相之。（《孟子》）

（1） （2）

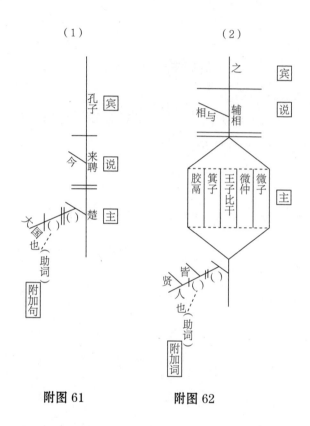

附图 61　　　　　附图 62

　　例一正文为"今楚来聘孔子"六字。"大
国也"三字为楚字之附加句，所以注明楚为
何等国也。其主格应为代楚字之代词。以其

逼近楚字，故省之。其动词当系"为""是"等字，因有助词"也"字，则依中文惯例，常可省去云。例二可类推。

（二）注在句后者

此种句中之附加子句多不省略主格。

〔例一〕亚父南向坐，亚父者范增也。(《史记·项羽本纪》)

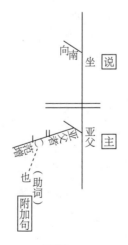

附图 63

77

〔例二〕若不趣降汉，汉今卤●若，若非
　　　汉敌也。(《史记·项羽本纪》)

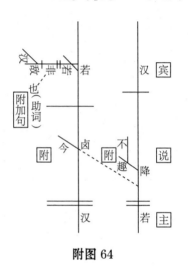

附图 64

例一之正文为"亚父坐"三字。后注之
一句，乃说明亚父之为谁，盖郑重言之以使
人注意也。例二略同。唯例一之附加句，其
主格所以不省者，因与所注释之字相去太远
也。若例二则以其主格与所注释之字，格位

● 当为"虏"。——编者注

78

不同。故虽相逼甚近，不能不重提以申说之。此其同中有异之一点也。

（乙）附加句之含有副词意味者

（一）插在句中者

此种句中之附加子句多不省略主格。

〔例一〕汉王食乏，恐。(《史记·项羽本纪》)

附图 65

〔例二〕娄烦目不敢视，手不敢发，遂走还入壁，不敢复出。(《史记·项羽本纪》)

79

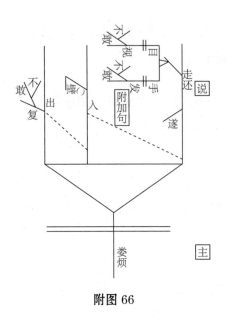

附图 66

　　例一之子句"食乏"二字，乃注明"恐"之原因；例二之子句"目不敢视，手不敢发"八字，乃注明娄烦走时之情状；其职务皆与副词等，故为有副词性质之附加句。

　　（二）注在句后者

　　此种句中之附加子句，其主格或省或否

可以任便。

〔例一〕往古国家所以乱也，由主少母壮
　　　　也。(《史记·外戚世家》)

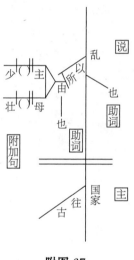

附图 67

〔例二〕齐女徐吾者，齐东海上贫妇人也，
　　　　与邻妇李吾之属会烛，相从夜绩。
　　　　(《列女传》)

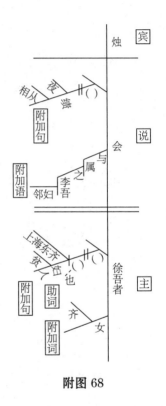

附图 68

例一之子句"主少母壮"四字，注明乱国之根由；例二之子句"相从夜绩"四字，注明会烛之原故，故皆为副词性质之附加句。

复句之种类

第四章　复句之种类 ||

复句约有三大类：

一为连合单句而成者，曰连合句。

二为一主句有数附属句比附之者，曰主从句。

三为一母句包孕数子句者，曰子母句。

兹为分说如下。

第一节　连合句

一、价值相等者

两句各自独立，语气无所轻重，其价值

正自相等。在此等句中，或自相对举，或用连词相连接，可任作者行文之便。

〔例〕（1）以力假仁者霸，霸必有大国；以德行仁者王，王不待大。(《孟子》)

（2）汤放桀，武王伐纣，有诸？(《孟子》)

（3）不受于褐宽博，亦不受于万乘之君。(《孟子》)

（4）敢问夫子之不动心，与告子之不动心，可得闻与？(《孟子》)

（1）

（2）

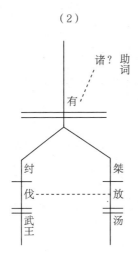

附图 69 上

（3）

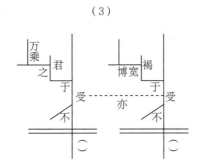

（4）

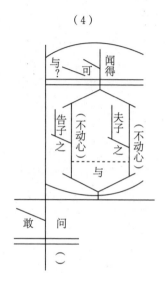

附图 69 下

二、先后相递者

两动词之意，非如上例之两相对待，而确有先后之限制。倘倒置之即不可通。

〔例〕（1）学而时习之。（《论语》）

（2）王顾左右而言他。（《孟子》）

（3）国人皆曰贤，然后察之；见贤

焉，然后用之。(《孟子》)

（4）置君而后去之。(《孟子》)

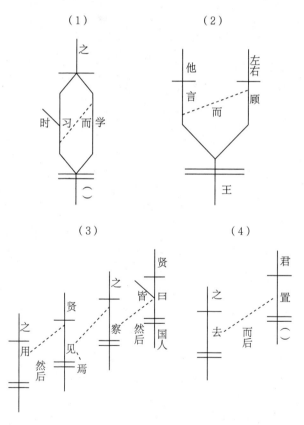

附图70

三、因果相承者

两句之意，有相为因果者，因句必在前，果句必在后，此盖行文一定之秩序也。

〔例〕（1）河内凶则移其民于河东，移其粟于河内。(《孟子》)

（2）是故财聚则民散，财散则民聚。(《孟子》)

（3）唯仁者为能以大事小，是故汤事葛文王事昆夷；唯智者为能以小事大，是故太王事獯鬻，句践❶事吴。(《孟子》)

（4）工师得大木，则王喜，以为能胜其任也。(《孟子》)

（5）文王一怒而安天下之民。(《孟子》)

（6）句践困彼，乃用种蠡。(《史记·太史公自序》)

---

❶ 当为"勾践"，下同，不再标注。——编者注

第四章　复句之种类 ‖

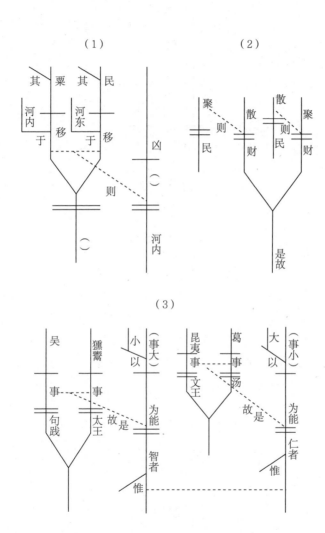

（4）

附图 71 上

（5）　　　　　　　　　　（6）

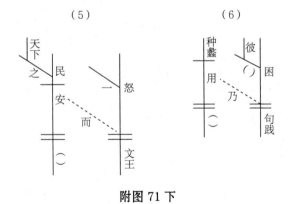

附图 71 下

四、有选择之意者

事物当前，非仅一端。吾人欲于其中择取其一，或询问他人选用何方，或说明其不同之点，以待人评判，均适用此类句。

〔例〕（1）滕，小国也，间于齐楚。事齐乎？事楚乎？（《孟子》）

（2）夫子之至于是邦也，必闻其政。求之与？抑与之与？（《论语》）

（3）南方之强与？北方之强与？抑而强与？（《中庸》）

（4）兵刃既接，弃甲曳兵而走，或百步而后止，或五十步而后止。（《孟子》）

（5）为肥甘不足于口与？轻暖不足于体与？抑为采色不足视于目与？声音不足听于耳与？便嬖不足使令于前与？（《孟子》）

（1）

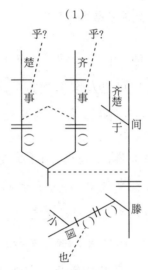

附图 72 上

（2）

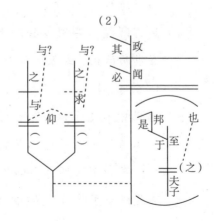

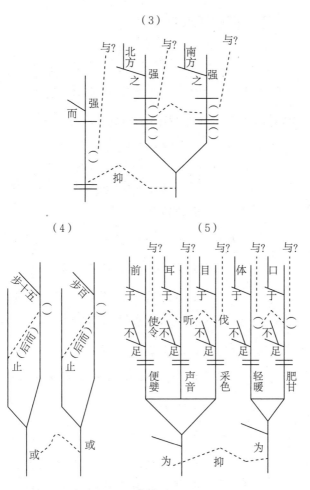

附图 72 下

五、两相抵消者

两句中，一有否定之字者，则所言必有一部分消失其效力，否则含有一部分抵制之意。如两句皆有否定之字，则否定与否定相抵消，而另含有对于某方表示坚决之意。

〔例〕（1）微子言，我亦疑之。（《史记·伍子胥列传》）

（2）至于大小民，否则违怨，否则厥口诅祝。（《书经·无逸篇》）

（3）起不为卿相，不复入卫。（《史记·孙子吴起列传》）

（4）文不能取胜，则歃血于华屋之下，必得定从而还。（《史记·平原君虞卿列传》）

（5）王使人疾持其头来，不然，吾举兵而伐赵，又不出王之弟于关。（《史记·范雎蔡泽列传》）

（6）足下必欲诛无道秦，不宜踞见

长者。(《史记·高祖本纪》)

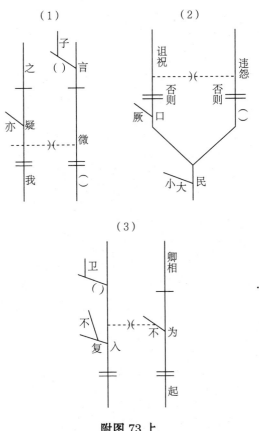

附图 73 上

（4）

（5）

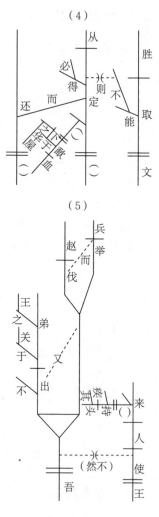

（6）

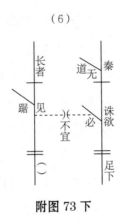

附图 73 下

六、别转一义者

两句之意，适相背驰，中用一转折连词，以相维系，使读者知前后所言所以不同之故，则事理明而谅解亦易矣。

（甲）缓转者

此类句语气不骤，意较和缓，上句与下句非全部相反，或有一部可以相通。文章中欲措词婉转，此类词句亦甚关重要也。

99

〔例〕（1）人莫知其处，独籍知之耳。(《史记·项羽本纪》)

（2）丰吾所生长，极不忘耳；吾特为其以雍齿故，反我为魏。(《史记·高祖本纪》)

（3）为治不在多言，顾立行何如耳。(《史记·汲黯列传》)

（4）钟对曰："无有，特窃慕大王之美义耳。"(《列女传·齐钟离春》)

（5）不以隐对，但扬目衔齿，举手拊膝，曰"殆哉！殆哉！"(同上)

（1）　　　　　　　　（2）

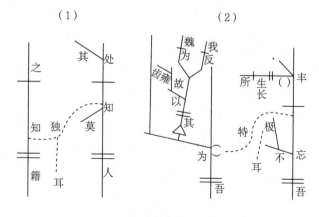

第四章 复句之种类 ‖

（3）

附图 74 上

（4）　　　　（5）

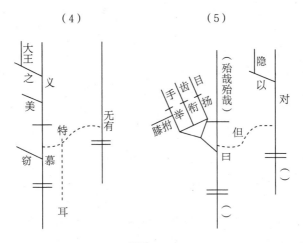

附图 74 下

（乙）急转者

上下两句，意思绝对相反，中有一二连词以关联之者，是为急转句。

〔例〕（1）就之而不见所畏焉。（《孟子》）

（2）老者衣帛食肉，黎民不饥不寒，然而不王者未之有也。（《孟子》）

（3）蹶者趋者是气也，而反动其心。（《孟子》）

（4）孙子筹庞涓明矣，然不能早救患于被刑。吴起说武侯以形势不如德，然行之于楚，以刻暴少恩亡其躯。（《史记·孙子吴起列传》）

（5）臣窃量大王之国不下楚，然衡人怵王文强虎狼之秦，以侵天

下，卒有秦患，不顾其祸。(《史记·苏秦列传》)

（6）吾友张也为难能也，然而未仁。(《论语》)

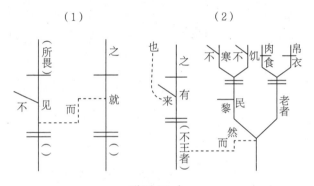

附图75上

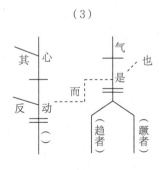

（4）甲　　　　　　　　　　（4）乙

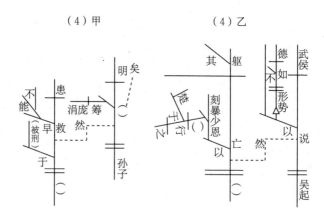

附图 75 中

（5）

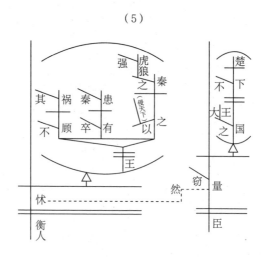

（6）

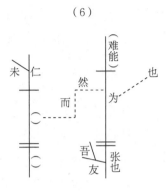

附图 75 下

七、激进一层者

此类句，上句必放宽一步以退让之，下句乃乘势而激进之，以畅发其意。文中用之，最易生动有致。

〔例〕（1）管仲且犹不可召，而况不为管仲者乎！（《孟子》）

（2）仁且智周公未之尽也，而况于王乎！（《孟子》）

（3）王者尚不能行之于臣下，况同列乎！（《史记·伍子胥列传赞》）

（4）周齐同在中土之间，况于远处绝域小臣，能无依风首丘之思哉！（《汉书·班超列传》）

（1）　　　　　　　（2）

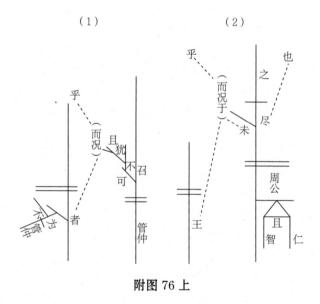

附图 76 上

（3）　　　　　（4）

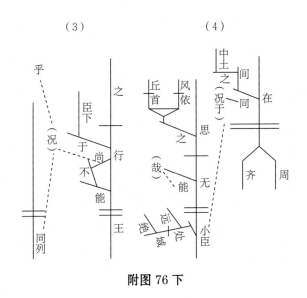

附图 76 下

第二节 主从句

一、关于时间者

此类句，上句言时，为从句；下句言事，为主句。从句职务重在时间，故其性质颇有副词意味。

〔例〕（1）比其反也，则冻馁其妻子。
（《孟子》）

（2）他日君出，则必命有司所之。
（《孟子》）

（3）读其书未毕，齐军万弩俱发。
（《史记·孙子吴起列传》）

（4）居二日半，简子寤。（《史记·扁
鹊仓公列传》）

（5）方其割肉俎上之时，其意固已
远矣。（《史记·周勃世家·赞》）

（1）　　　　　　　　　　（2）

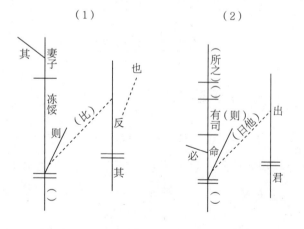

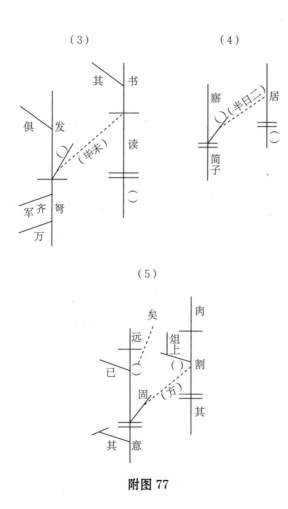

附图 77

二、衬垫作势者

欲擒先纵，亦文章中常用之一法。此类句，衬垫者为从句，拍合者为主句。无论主从，其意多在空际推宕，非沾着何事呆说。故又可谓为推宕句。

〔例〕（1）虽有袒裼裸裎于我侧，尔焉能浼我哉？（《孟子》）

（2）诸侯虽有善其词命而至者，不受也。（《孟子》）

（3）纵彼不言，我独无愧于心乎？（《史记·项羽本纪》）

（4）人固不易知，知人亦不易也。（《史记·范雎蔡泽列传》）

（5）魏齐者，胜之友也，在，固不出也；今又不在臣所。（同上）

（6）予虽然，岂舍王哉？（《孟子》）

第四章 复句之种类 ‖

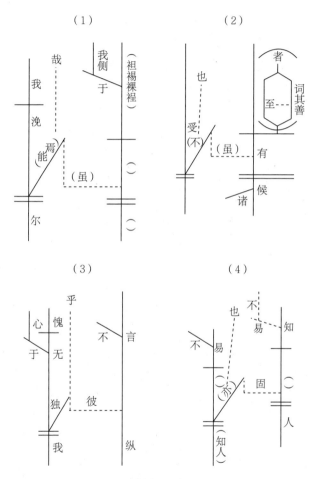

（1）　　　　　　　（2）

（3）　　　　　　　（4）

附图 78 上

（5）　　　　　　　　　（6）

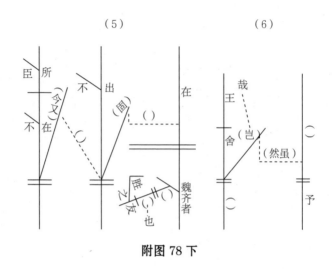

附图 78 下

三、假设一义以推说者

本文正义不易说明者，于本文外假设一义以推论之；则文有势而理易明。

〔例〕（1）王如好货与百姓同之，于王何有？（《孟子》）

（2）王若隐其无罪而就死地，则牛羊何择焉？（《孟子》）

112

（3）王如知此，则无望民之多于邻
　国也。（《孟子》）

（4）苟有用我者，吾其为东周乎！
　（《论语》）

（5）殷礼吾能言之，宋不足征也；
　足，则吾能征之矣。（《论语》）

（1）　　　　　　　　　（2）

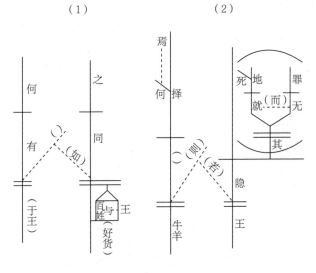

附图 79 上

（3） （4）

（5）

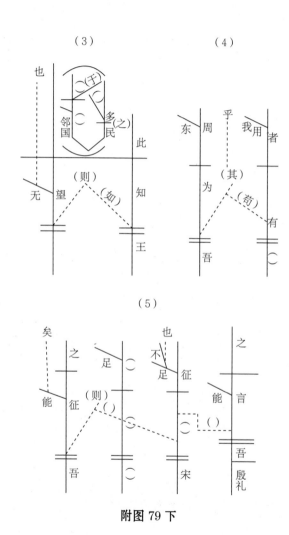

附图 79 下

四、用比喻以衬主句者

欲使本文意义容易明白，乃用相类之事物以比喻之。比较词用如、若、似、犹等字者，比较词所属者为从句，其上者为主句。如有较量之意者，则主句之在上在下，不能一定。

（甲）平比者

〔例〕（1）君视臣如手足，则臣视君如父兄；君视臣如犬马，则臣视君如寇仇。（《孟子》）

（2）民之悦之，犹解倒悬也。（《孟子》）

（3）思以一毫挫于人，若挞之于市朝。（《孟子》）

（4）以若所为，求若所欲，犹缘木而求鱼也。（《孟子》）

（5）视刺万乘之君，若刺褐夫。（《孟子》）

（6）祭如在,祭神如神在。(《论语》)

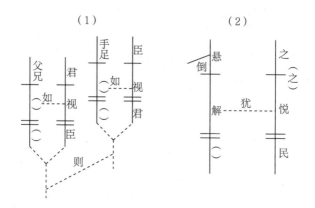

附图 80 上

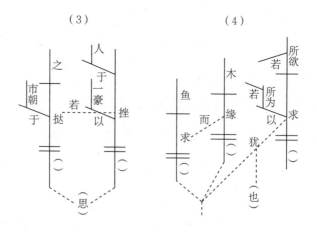

（5）　　　　　　　　　（6）

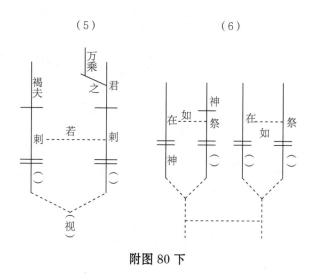

附图 80 下

（乙）差比者

〔例〕（1）德之流行，速于置邮而传命。

　　　　（《孟子》）

　　　（2）以予观于夫子，贤于尧舜远矣。

　　　　（《孟子》）

　　　（3）天时不如地利，地利不如人和。

　　　　（《孟子》）

117

（4）望之不似人君。(《孟子》)

（5）知我如此，不如无生。(《诗经》)

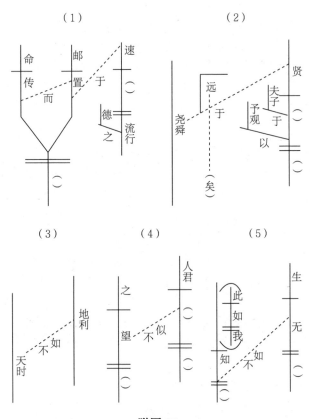

附图81

第四章　复句之种类 ‖

（丙）就所差而较量者

〔例〕（1）与其媚于奥，宁媚于灶。（《论语》）

（2）与其有聚敛之臣，宁有盗臣。（《大学》）

（3）宁赴常流而葬乎江鱼腹中耳，又安能以皓皓之白而蒙世之温蠖乎？（《史记·屈原贾生列传》）

（4）吾宁斗智，不能斗力。（《史记·高祖本纪》）

（5）与我处畎亩之中，由是以乐尧舜之道，吾岂若使是君为尧舜之君哉？吾岂若使是民为尧舜之民哉？吾岂若于吾身亲见之哉？（《孟子》）

（1）　　　　　　　（2）

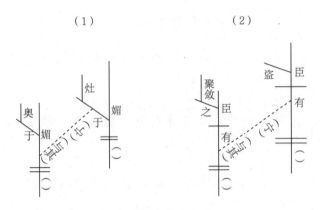

附图 82 上

（3）

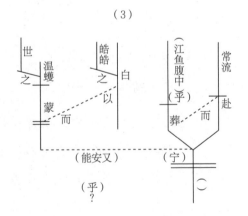

（4）

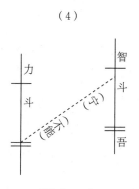

附图 82 中

（5）

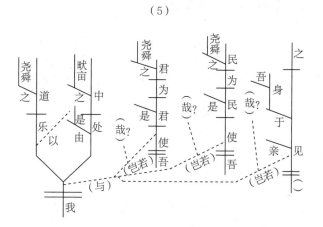

附图 82 下

第三节　子母句

在一长句中，包孕一个或数个短句，则短句曰子句，长句曰母句。子句之性质约有三种：一用如名词，二用如形容词，三用如副词。兹为分述如下。

（甲）用如名词之子句

（子）用为主格者。

〔例〕（1）学而时习之，不亦悦乎！（《论语》）

（2）汤放桀，武王伐纣，有诸？（《孟子》）

（3）王之不王，非挟泰山以超北海之类也。（《孟子》）

第四章 复句之种类

（1）　　　（2）　　　（3）

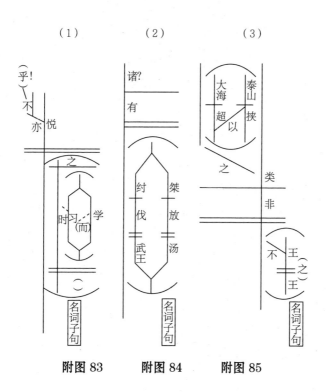

附图83　　**附图84**　　**附图85**

（丑）用为宾格者。

（A）为动词之宾格者。

〔例〕（1）今言王若易然。（《孟子》）

（2）项王闻龙且军破。(《史记·项
　　羽本纪》)

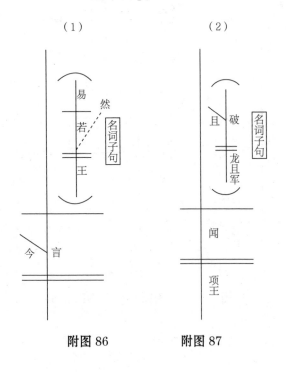

（1）　　　　　　　（2）

附图 86　　　　附图 87

（B）为介词之宾格者。

〔例〕告子未尝知义，以其外之也。(《孟
　　子》)

124

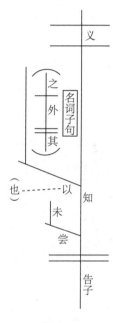

附图 88

（乙）用如形容词之子句

（子）附加于主格者。

〔例〕古之人所以大过人者，无他焉。（《孟
　　子》）

125

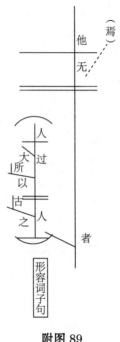

附图 89

（丑）附加于宾格者。

〔例〕为我作君臣相说之乐。（《孟子》）

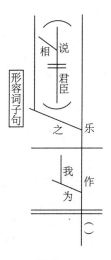

附图90

（寅）插入句中之子句。

〔例〕（1）楚左尹项伯者，项羽季父子也，素善留侯张良。（《史记·项羽本纪》）

（2）夫颛臾，昔者先王以为东蒙主，且在邦域之中矣，是社稷之臣也。（《论语》）

127

（1） （2）

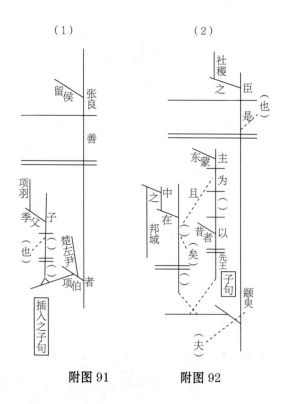

附图 91　　　　附图 92

（丙）用如副词之子句

〔例〕（1）凡有四端于我者，知皆扩而充
之矣，若火之始然，泉之始达。
（《孟子》）

〔例〕（2）及臣生在,令勇目见中土。(《汉
　　　书·班超列传》)

（1）　　　　　　　　　　　　　（2）

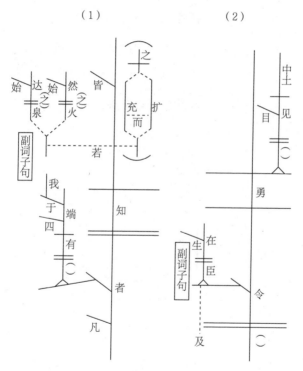

附图 93

129

（丁）用如补足语之子句

〔例〕（1）君子有三畏：畏天命，畏大人，
畏圣人之言。（《论语》）

（2）吾日三省吾身：为人谋而不忠
乎？与朋友交而不信乎？传不
习乎？（《论语》）

（1）

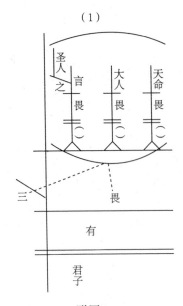

附图94

130

（2）

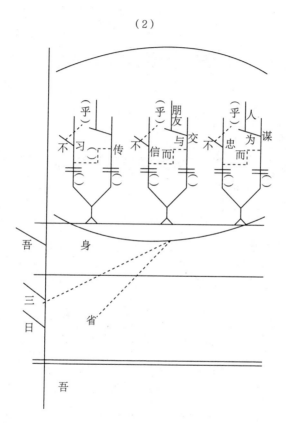

附图 95

第四节　综合各种句之总式

上述各式，于普通文应用之词句，大致粗具端倪。诚能细心研究，以一反三，则读书作文，当可收事半功倍之效。唯是所举之句类，非如印板之格式。临文时须参酌，择宜而施，方能不锢活泼之心灵。兹分析孟子文一段，以作总结。

〔例〕邹与鲁哄。穆公问曰："吾有司死者三十三人矣，而民莫之死也。诛之，则不可胜诛；不诛，则疾视其长上之死而不救，如之何则可也？"孟子对曰："凶年饥岁，君之民老弱转乎沟壑，壮者散而之四方者几千人矣；而君之仓廪实，府库充，有司莫以告，是上慢而残下也。曾子曰：'戒之！戒之！出乎尔者，反乎尔者也。'夫民今而后得反之也。君无尤焉！君行仁政，斯民亲其上死其长矣。"

编后记

郭步陶（1879~1962），原名成爽，后改名惜，字步陶，别署景卢，四川隆昌人。上海大同大学毕业。曾任中国公学、复旦大学、香港南洋学院教授、南洋新闻学院院长。郭步陶是中国现代新闻史上集新闻实践、新闻教育、新闻理论研究三者于一身的著名新闻工作者和新闻理论家。他先后在《申报》《新闻报》《星岛日报》等报刊任职，并出版了《西北旅行日记》一书，具有较高的史料价值。他的《编辑与评论》《时事评论作法》被认为是中国新闻编辑学、评论学的开创性著作，他的《本国新闻事业》是民国时期新闻史学研究的代表专著之一。

《文法解剖 ABC》一书，以句为本位，以例句解析句子结构，并配以树形图，让人一目了然，全书言简意赅，是一本关于文句结构的基础入门读物，不仅有益于民国时期的读者学习，也对今天的读者具有启发和指导意义．

本社此次印行，以上海世界书局 1929 年版为底本。在整理过程中，首先，将底本的繁体竖排版式转换为简体横排版式，并对原书的体例和层次稍作调整，以适合今人阅读。其次，在语言文字方面，基本尊重底本原貌等。与今天的现代汉语相比较，这些词汇有的是词中两个字前后颠倒，有的是个别用字与当今有异，无论是何种情况，它们总体上都属于民国时期文言向现代白话过渡过程中的一种语言现象，为民国图书整体特点之一。对于此类问题，均以尊重原稿、保持原貌、不

编后记 ||

予修改的原则进行处理。再次，在标点符号方面，由于民国时期的标点符号的用法与今天现代汉语标点符号规则有一定的差异，并且这种差异在一定程度上不适宜今天的读者阅读，因此以尊重原稿为主，并依据现代汉语语法规则进行适度的修改，特别是对于顿号和书名号的使用，均加以注意，稍作修改和调整，以便于读者阅读和理解。最后，对于原书在内容和知识性上存在的一些错误，此次整理者均以"编者注"的形式进行了修正或解释，最大限度地消除读者的困惑。

邓 莹

2016 年 11 月